PAUL KAHN

AVOCAT A LA COUR D'APPEL

Les
Institutions légales relatives à l'enfance
en Angleterre

PROTECTION ET RÉPRESSION

(MISSION EN ANGLETERRE, OCTOBRE 1917)

Rapport à la Société générale des Prisons (Séance du 20 Février 1918)
Extrait de la « Revue pénitentiaire et de Droit pénal »

PARIS

IMPRIMERIE ET LIBRAIRIE CENTRALES DES CHEMINS DE FER

IMPRIMERIE CHAIX

SOCIÉTÉ ANONYME AU CAPITAL DE TROIS MILLIONS

Rue Bergère, 20

1918

PAUL KAHN

AVOCAT A LA COUR D'APPEL

Les
Institutions légales relatives à l'enfance
en Angleterre

PROTECTION ET RÉPRESSION

(MISSION EN ANGLETERRE, OCTOBRE 1917)

Rapport à la Société générale des Prisons (Séance du 20 Février 1918)

Extrait de la « Revue pénitentiaire et de Droit pénal »

PARIS

IMPRIMERIE ET LIBRAIRIE CENTRALES DES CHEMINS DE FER

IMPRIMERIE CHAIX

SOCIÉTÉ ANONYME AU CAPITAL DE TROIS MILLIONS

Rue Bergère, 20

1918

Les Institutions légales
relatives à l'Enfance en Angleterre

Protection et Répression

La protection de l'enfance malheureuse, abandonnée ou coupable a fait, en Angleterre, comme dans tous les pays civilisés, l'objet des préoccupations des philanthropes, des sociologues et du législateur. Protéger l'enfance par des mesures efficaces sur la sauvegarde de la vie de l'enfant, de sa santé, sur l'obligation scolaire, sur les jeunes délinquants en créant des mesures et des établissements appropriés, telle est notamment l'œuvre du *Children Act* de 1908 qui constitue, en Angleterre, la charte de la protection de l'enfance. C'est une loi très longue, en 134 articles, dont plusieurs contiennent de nombreux paragraphes, qui s'applique aux mineurs de 16 ans malheureux, abandonnés ou même coupables. Même en ce qui concerne les jeunes délinquants, elle est une loi de protection et non une loi de répression, se contentant de mesures répressives contre ceux qui ne font pas leur devoir vis-à-vis de l'enfance.

La guerre sauvage que nous subissons comme nos alliés anglais a fait que la question de l'enfance est devenue plus importante encore aux yeux de tous ceux qui se préoccupent de l'avenir de nos pays alliés. L'enfance, en effet, c'est l'avenir; c'est aux enfants d'aujourd'hui qu'il appartiendra de reconstruire ce qui a été détruit, qu'il appartiendra de remplacer notre belle et vaillante jeunesse si lamentablement fauchée sur les champs de bataille. Les sauvages allemands l'ont parfaitement compris; après avoir fait la guerre non seulement aux combattants, mais encore aux villes ouvertes, aux églises, aux hôpitaux, aux arbres, à la terre même que dans leur rage de destruction ils ont voulu détruire, essayant dans leur folie, de l'empêcher de nourrir les générations futures, ils se sont mis à faire la guerre aux enfants. C'est là, n'en doutez pas, l'un des buts et parmi les principaux, de leurs agressions stupides et odieuses sur Londres et sur Paris.

Ils n'ont effrayé personne; ils nous ont, au contraire, incités à lutter contre eux sur tous les terrains et à nous unir plus étroitement encore pour la défense de la civilisation et du droit.

Dès avant la guerre, certains bons esprits avaient compris que, suivant la forte expression d'un grand philosophe, « il y a la race humaine et la race allemande » et avaient fait tous leurs efforts pour l'union intime des nations civilisées. C'est notamment ce qu'avait compris un homme de bien, sir Richard Garton par la fondation qui porte son nom et qui se préoccupait d'unir sur tous les terrains la France et l'Angleterre. Je ne vous dirai pas l'activité de cette belle fondation depuis la guerre, grâce au concours notamment de M. Balfour, de lord Esher, de MM. Boutroux, André Lebon, de mon excellent confrère et ami Colanéri qui en est le dévoué secrétaire français, de M. Hilton, son collègue anglais à qui je garde une reconnaissance infinie pour la patience et l'amabilité avec lesquelles il a bien voulu se mettre à Londres à notre disposition pour nous recevoir et nous faciliter nos études. Qu'il me suffise de dire que c'est sur l'initiative de la *Garton Foundation*, pénétrée de l'importance des problèmes qui concernent l'enfance, qu'une mission a été officiellement invitée à se rendre à Londres pour y étudier les institutions anglaises. La mission étaitcomposée de M. Henri Rollet, juge au Tribunal de la Seine, qui faisait alors fonctions de président du tribunal pour enfants, de M. Laronze, juge suppléant, faisant fonctions de substitut près le même tribunal, de M. Payan, directeur de la prison de la Petite-Roquette, représentant l'administration pénitentiaire, et qui avait bien voulu remplacer M. Deneux, chef des bureaux de l'enfance au Ministère de la justice, qu'un deuil glorieux et cruel devant lequel je m'incline avec respect, avait empêché au dernier moment de nous accompagner, du représentant modeste du barreau et des œuvres privées que je suis, et enfin, de Colanéri, qui affirme trop modestement qu'il n'a été que notre guide et notre interprète, mais qui nous a rendu des plus grands services en nous faisant toucher du doigt tout ce qui pouvait nous intéresser.

Nous avons eu l'honneur d'être officiellement reçus au Ministère de l'intérieur par le ministre lui-même, sir George Cave et surtout par le directeur du département de l'enfance M. G.-A Aitken, dont je ne dirai qu'un mot : c'est qu'il s'est donné corps et âme à la tâche écrasante qui lui est dévolue. Il a bien voulu mettre à notre disposition un des inspecteurs du ministère, M. Spielman, qui ne nous a pas quittés un seul jour, malgré l'état de santé de sa femme et qui nous a donné toutes explications en un français qui a fait notre admiration.

Le *Children Act* du 21 décembre 1908 est une loi de protection des enfants malheureux, abandonnés ou coupables. Pour les enfants de moins de 16 ans, le législateur anglais estime que, quelle que soit leur situation, quoi qu'ils aient fait, ils ne sauraient être en principe que l'objet de mesures de protection et non de répression. Il y a là un point de vue qui domine la législation anglaise et que nous ne devrons jamais perdre de vue dans la suite de nos explications.

Nous avons en France des lois diverses concernant l'enfance : loi de 1889 sur la déchéance de la puissance paternelle, loi de 1898 sur les enfants maltraités, loi de 1904 sur l'assistance publique, loi de 1908 sur la prostitution des mineurs, loi de 1912 sur les tribunaux pour enfants, pour ne citer que les principales, lois basées sur des principes différents, parfois contradictoires et dont certaine même est impossible à appliquer. La législation française distingue la protection de la répression et malheureusement, en ce qui concerne les jeunes délinquants, le public ne comprend pas toujours l'utilité et la nécessité des mesures protectrices prises par les tribunaux, mesures qu'il considère à tort comme des-peines et qui sont quelquefois vouées à l'échec précisément à cause de ce défaut de compréhension des enfants ou des familles auxquels elles ont été appliquées. La législation anglaise qui ne comporte qu'une seule loi, basée sur le seul principe de protection offre évidemment l'avantage qu'offrirait pour nous un code de l'enfance qui aurait fondu et modifié les différentes lois éparses dans notre législation.

Le *Children Act*, que ma jeune et charmante confrère Me Simone Picard a bien voulu traduire et résumer pour moi, ce dont je tiens à la remercier très affectueusement, comprend six parties : 1° protection de la vie de l'enfant; 2° protection contre les actes de cruauté à l'égard des enfants; 3° mesures relatives à l'usage du tabac par les mineurs; 4° organisation des *Reformatories* et *Industrial Schools;* 5° jeunes délinquants; 6° généralités.

La première partie s'occupe du placement et de la surveillance dans leurs lieux de placement des enfants négligés ou abandonnés âgés de moins de 7 ans. Les inspecteurs peuvent à tout moment intervenir et enlever ces enfants à leurs gardiens pour les placer, en attendant que le tribunal pour enfants *(Juvenile Court)* ait statué sur leur sort, dans des lieux sûrs *(places of safety)* qui sont les mêmes établissements où sont retenus les enfants délinquants et sur l'organisation desquels nous reviendrons. Des sanctions sont prises contre la négligence des gardiens ou leur refus de recevoir les inspecteurs (amende ou prison pouvant aller jusqu'à six mois). Bien entendu cette législation ne s'applique pas aux proches parents de l'enfant qui ont gardé l'enfant chez eux, non plus qu'aux hôpitaux, œuvres de bienfaisance, écoles, qui sont soumis à un régime spécial.

Les personnes qui ont à leur charge des enfants de moins de 16 ans et les menacent, les maltraitent, les négligent ou les abandonnent peuvent être l'objet de sanctions particulièrement sévères (100 livres d'amende et la prison, maximum deux ans, avec ou sans *hard labour*) sans préjudice des peines spéciales prévues pour le délit ou le crime commis sur la personne de l'enfant. Si le gardien avait un intérêt pécuniaire direct ou indirect à la mort de l'enfant, la peine pourra être de 200 livres ou la servitude pénale au maximum pendant cinq ans.

Au cas où un enfant de moins de 3 ans a été étouffé, couchant dans le même lit qu'une personne de plus de 16 ans, qui était ivre au moment de se mettre au lit, la négligence de cette personne lui vaudra d'être condamnée à 100 livres d'amende ou deux ans de prison, avec ou sans *hard labour*.

L'emploi d'enfants à la mendicité, la négligence qui les expose au risque d'être brûlés sont également réprimés par des peines d'amende ou de prison.

Les personnes ayant la charge de mineurs de 16 ans qui les laissent fréquenter des prostituées ou des lieux de débauche sont punies d'une peine maxima de six mois de prison, avec ou sans *hard labour* ou de 25 livres d'amende ; la peine est de deux ans si la débauche d'une jeune fille a été favorisée par ses gardiens.

On le voit, des mesures de répression sévères, beaucoup plus sévères que les nôtres, et plus efficacement appliquées surtout, sont infligées à ceux qui maltraitent la jeunesse ou la mettent en danger moral.

En même temps des mesures de protection sont prises à l'égard de l'enfant en danger qui sera conduit immédiatement dans un lieu sûr *(place of safety)* et de là devant le tribunal pour enfants *(Juvenile court)* statuant avec la même procédure et dans les mêmes conditions que pour les enfants délinquants et qui pourra prendre les mêmes mesures de protection en sa faveur : envoi dans une *Industrial School*, remise à un parent ou à toute autre personne que le juge désignera dans son ordre. Tout ou partie de l'entretien de l'enfant pourra être mis à la charge du parent qui a mis le tribunal dans la nécessité de placer l'enfant et un système rigoureux est organisé pour le recouvrement des sommes dues. La personne ou l'institution auxquels l'enfant sera ainsi confié sera considérée comme son parent et devra le conserver même s'il est réclamé par ses parents. Des peines d'amende et de prison sont prévues contre ceux qui feraient évader l'enfant, ainsi placé ou se contenteraient même de le recevoir chez eux, sachant qu'il est ainsi placé. Les mêmes sanctions sont prévues à l'égard des parents, qu'il s'agisse d'enfants malheureux ou d'enfants délinquants entre lesquels, il n'est pas inutile de le répéter, la loi anglaise ne distingue pas à ce point de vue. Enfin des mesures sont prises contre les parents qui se livrent habituellement à l'ivrognerie et le juge peut prendre à l'égard de leurs enfants les mêmes mesures de placement que celles indiquées ci-dessus.

Il est interdit de vendre à un enfant paraissant âgé de moins de 16 ans des cigarettes, du papier à cigarettes, du tabac ou l'un de ses succédanés, que ce soit ou non pour son usage personnel, sous peine d'amende. Tout représentant de l'autorité a le devoir de saisir entre les mains du mineur de 16 ans les cigarettes ou le papier à cigarettes qu'il possède, il devra l'empêcher de fumer dans la rue ou dans les lieux publics. Exception est faite pour les jeunes gens employés chez des marchands de tabac, les commissionnaires *(messenger boys)* lorsqu'ils sont chargés de courses pour leurs commettants.

On le voit, les mesures prévues à l'égard des enfants malheureux, négligés ou abandonnés sont sérieuses et efficaces, car elles sont rigoureusement observées et l'on verra dans la suite de nos explications qu'elles ne restent pas lettre morte. Il nous a été particulièrement donné l'occasion de constater qu'un grand nombre d'enfants placés dans des *Industrial Schools* l'ont été dans ces conditions.

Il en est de même pour ce qui touche les jeunes délinquants âgés de plus de 7 ans et de moins de 16 ans et qui sont l'objet des mêmes mesures de protection et ne sont point, en principe, soumis à des mesures répressives.

Pour être complet sur ce point, il me reste un mot à dire d'une institution qui, pour n'être pas officielle, n'en rend pas moins les plus grands services, dans un pays où n'existe pas un système analogue à celui de nos enfants assistés. Je veux parler de l'œuvre, fondée il y a plus de cinquante ans par le docteur Barnardo et qui a actuellement, sous la présidence du duc de Sommerset, le haut patronage de **LL. MM.** le Roi, la Reine et la Reine Mère.

Cette œuvre reçoit à bureaux ouverts tous ceux qui se présentent et le programme inscrit sur ses imprimés répond bien à la réalité : aucun enfant malheureux ne se voit refuser l'admission. Pas de choix, pas de liste d'attente, pas de promesse de paiement. Aucun empêchement d'âge, de sexe, de croyance, de nationalité ou d'état physique. « *No Destitute Child ever refused admission. No election, no waiting list, no money promise needful. No barriers on account of age, sex, creed, nationality or physical health.*

Le siège principal de l'œuvre est tout là-bas, à Stepney Causeway, au fond d'East-End, le quartier le plus pauvre de Londres, celui qui a le plus à souffrir des bombes d'avions puisque c'est le quartier où il y a le plus d'enfants. Tout enfant qui se présente est immédiatement accepté et revêt l'uniforme de la maison (casquette avec inscription, vareuse bleue à col rouge). Puis on fait une enquête sur lui, sur sa famille et sur ses antécédents et, bien entendu, on ne garde que ceux qui sont orphelins ou abandonnés. Les petits sont placés en nourrice, les plus grands vont à l'école ou apprennent un métier. Nous avons vu là des enfants lamentablement malheureux, un cul-de-jatte, un hémiplégique, etc.

Mais les enfants sont là volontairement, ils entrent et sortent comme ils veulent, ils s'en vont comme ils sont venus. Ce système nuit évidemment à la propreté et à la discipline de la maison. Les portes sont ouvertes et les enfants font ce qu'ils veulent à l'intérieur de la maison. Certains, qui ont de la bonne volonté, travaillent dans les ateliers (on apprend là dix métiers différents dans des ateliers fort bien aménagés, notamment l'atelier d'imprimerie); les autres nous ont paru errer un peu à l'aventure dans les escaliers, les cours et les dortoirs. La surveillance n'est évidemment pas rigoureuse.

A leur arrivée, les enfants sont mis en observation dans un local spécial, nettoyés et visités par le médecin. Puis on enquête, on décide si l'enfant sera admis définitivement et l'on se rend compte de ses aptitudes et de ses capacités. On tient le plus grand compte de ses désirs puisqu'on ne peut l'obliger à rien.

En raison de l'origine des enfants et du manque de contrainte, l'établissement ne donne pas la même impression que ceux dont nous aurons à parler par la suite. L'œuvre rend cependant de grands services, elle forme de bons ouvriers et a donné à l'armée de vaillants soldats. Elle a admis en 1906, 1.548 enfants. A leur sortie les enfants reçoivent une place et emportent un trousseau assez complet dans une malle. Le tout a été confectionné à l'établissement.

L'œuvre a quatre établissements principaux et un certain nombre d'établissements secondaires :

a) Boy's Home, à Stepney Causeway, fondé en 1870, dont nous venons de parler et qui comporte 245 lits;

b) Girls Village Home, à Barkingside, fondé en 1874, véritable village de petites filles, qui abrite 1.349 filles dans 68 cottages, où elles vivent de la vie de famille;

c) Boy's Garden City, à Woodford Bridge, fondé en 1909, village comprenant 575 garçons dans 16 maisons;

d) Walls Naval Training School, à Norfolk, fondé en 1912, qui abrite 300 apprentis marins.

On voit, par ces quelques détails, toute l'importance de cette œuvre privée qui vit par les seules ressources de la charité privée et dont les dépenses sont considérables.

Les mesures prises à l'égard des jeunes délinquants sont exactement les mêmes que celles qui sont prises à l'égard des enfants malheureux, abandonnés ou négligés. Le traitement particulier des enfants délinquants, n'est qu'un chapitre du *Children Act*. On pense, en effet, que jusqu'à 16 ans, l'enfant ne saurait être considéré comme définitivement perdu et que des mesures d'éducation appropriées pourront venir à bout de son caractère, quelque difficile qu'il soit. Ce n'est que tout à fait exceptionnellement et lorsqu'on aura essayé de tous les autres moyens que l'on se résoudra, et encore à regret, à mettre un mineur de 16 ans en prison. Aussi ne trouverons-nous pas en Angleterre de prisons spéciales affectées aux jeunes délinquants mineurs de 16 ans. Un quartier spécial, le plus petit, leur sera réservé dans les prisons ordinaires et ils n'y seront jamais nombreux. Nous ne rencontrerons pas davantage d'établissements analogues à nos colonies pénitentiaires publiques, dépendant de l'État, mais uniquement des établissements privés, qui doivent répondre à certaines conditions, qui doivent être agréés par le Ministère de l'intérieur *(Home Office)* et soigneusement inspectés par lui par des inspecteurs spéciaux et spécialement choisis.

Au-dessus de 16 ans et jusqu'à 21 ans, les mineurs, traduits devant les tribunaux de droit commun, seront envoyés dans les quartiers spéciaux des prisons qui leur sont réservés, ou, s'il s'agit de longues peines, dans les établissements Borstal.

Mineurs de 7 à 16 ans. — Les mesures prises par le *Children Act* de 1908 relatives aux mineurs délinquants s'appliquent aux mineurs de 16 ans. Plaçons-nous, si vous le voulez bien, au point de vue exclusivement pratique et examinons quelles seront la procédure suivie et les mesures prises à l'égard d'un enfant accusé d'un délit ou d'un crime.

Lorsqu'un mineur est arrêté *(Children Act* n° 98), l'agent qui l'a mis en état d'arrestation ou le chef du poste de police dans lequel il a été conduit doivent prévenir, si possible, le parent ou le gardien qui avait la charge du mineur et l'informer du tribunal devant lequel il sera conduit. Il y a, en effet, douze tribunaux pour enfants pour la seule agglomération londonienne. Si la personne qui avait la charge de l'enfant n'est pas le père, celui-ci pourra également être appelé à comparaître, à moins que l'enfant ne lui ait été enlevé par une décision de justice antérieure.

Si le mineur a été laissé libre, le parent ou le gardien devra le représenter et pourra être condamné pour sa négligence au cas où il n'amènerait pas l'enfant. L'autorité peut même exiger des garanties morales ou pécuniaires pour assurer la représentation de l'enfant, soit de la part de l'enfant, soit même de la part des gardiens.

Comme en France, la loi exige que le mineur soit, autant que possible, soustrait au contact d'inculpés plus âgés que lui.

Lorsqu'une personne paraissant âgée de moins de 16 ans est arrêtée et ne peut être conduite immédiatement devant le tribunal, les autorités de la police doivent prendre sur-le-champ des renseignements.

Elles doivent en principe remettre l'enfant en liberté, avec ou sans recognizance, avec ou sans caution, pour assurer la représentation de cet enfant à la prochaine audience. Il y a à Londres deux audiences par semaine dans chaque tribunal pour enfants et l'affaire est toujours jugée à l'audience qui suit la date de l'arrestation. Il n'y a pas, en Angleterre, d'instruction comme en France.

Une parenthèse est ici nécessaire. Je viens de me servir d'un terme emprunté au droit anglais : recognizance. Il importe de dire ce qu'est cette institution. Elle n'est d'ailleurs pas une inconnue pour les membres de la *Société générale des prisons*. Elle a fait l'objet d'une communication à notre séance du 18 décembre 1912 de la part de notre collègue M. Adrien Paulian (*Revue*, 1913, p. 47) et je ne saurais mieux faire que de vous renvoyer à cette étude, me contentant d'emprunter à M. Paulian sa définition si exacte de cette institution : « La recognizance est un engagement contracté devant un magistrat et par lequel une personne s'oblige à ne pas commettre une action ou, au contraire, à accomplir un acte prévu, sous peine, au cas d'inexécution de son engagement, de payer une somme fixée à l'avance. » Ajoutons qu'à défaut de paiement de cette somme, l'intéressé peut être mis en prison.

Le mineur de 16 ans, ai-je dit, doit être mis en principe en liberté. En effet, et il n'est pas inutile de le répéter ici encore, la législation anglaise prévoit surtout pour les enfants des mesures de protection et ce n'est que tout à fait exceptionnellement qu'on recourra à des mesures de répression. Le point de vue est tout différent du point de vue français. Cependant, il y a des correctifs au principe et l'on entend bien que, pas plus en Angleterre qu'en France, il n'est possible, en se contentant de la recognizance ou d'un système analogue, de laisser tous les mineurs délinquants en liberté provisoire. Aussi le *Children Act* (n° 95) prévoit-il des mesures :

a) Il peut être impossible de laisser l'enfant libre parce que personne ne le réclame ;

b) L'accusation peut être un crime grave ;

c) Il peut être nécessaire, dans l'intérêt même de l'enfant, de le soustraire à la compagnie de criminels ou de prostituées ;

d) La mise en liberté du mineur pourrait être une entrave au libre cours de la justice.

Dans tous ces cas, l'enfant sera conduit dans une *Place of Detention* ou *Remand's Home* qui ne ressemble nullement à une prison et sur l'organisation de laquelle nous aurons l'occasion de revenir par la suite. L'enfant sera retenu là en attendant qu'il comparaisse devant le tribunal, c'est-à-dire pendant un très court délai, puisque la comparution devant les tribunaux répressifs anglais, qu'il s'agisse de mineurs ou de majeurs, est pour ainsi dire immédiate. Les autorités de la police agiront ainsi à moins que ce ne soit matériellement impossible, que l'enfant soit d'un caractère si indiscipliné qu'il apparaisse qu'il sera impossible de le garder ainsi, que par suite de l'état de sa santé, de son état physique ou mental, il est inopportun de le retenir ainsi. Dans ce dernier cas, un certificat médical devra être produit au juge, dans les autres cas, l'enfant pourra être envoyé en prison jusqu'à sa comparution devant le tribunal.

Telles sont les mesures qui peuvent être prises avant la comparution du mineur devant le juge. Entrons maintenant dans les tribunaux qui jugent les enfants et voyons ce qui s'y passe.

Il y a, avons-nous dit, douze tribunaux pour enfants à Londres. Chacun d'eux est présidé par un juge qui connaît particulièrement la question et s'y intéresse personnellement. Le juge anglais n'est pas soumis au roulement, il n'attend pas d'avancement et il est bien payé. Il est choisi uniquement pour sa compétence et l'intérêt qu'il porte à la question. Avant d'être nommé, il faut qu'il ait donné des preuves de son savoir et ces preuves ne consistent pas en un quelconque examen. Et ceci est aussi vrai des magistrats civils que des magistrats de la juridiction répressive anglaise. On y sent bien que l'unique préoccupation est d'avoir *the right man in the right place*. Les tribunaux pour enfants anglais jugent les enfants de 7 à 16 ans et ces tribunaux n'ont nullement une allure répressive. Devant le même juge, avec la même procédure — et vous allez voir comme elle est simple — on amène tous les enfants qui doivent être protégés, qu'ils soient malheureux, abandonnés ou coupables et l'on ne se préoccupe que du relèvement et du reclassement de l'enfant. Les parents ont-ils négligé l'enfant?l'enfant ne va-t-il pas à l'école?est-il abandonné?est-il maltraité? est-il l'auteur d'un délit? Le même juge, à la même audience, ne se préoccupant que de l'intérêt de l'enfant qui se confond avec l'intérêt social, prendra les mesures nécessaires pour essayer d'assurer son relèvement et son reclassement dans la société.

Nous avons eu l'honneur d'être reçus au tribunal de Bow Street d'abord par le *chief police magistrate*, puis par le juge des enfants qui a bien voulu nous faire assister à ses côtés à son audience. Il n'y a, vous le savez, en Angleterre qu'un juge unique assisté d'un greffier *(clerk)*. Pas de procédure écrite, tout est oral. Il n'y a pas de ministère public, mais des plaignants, qu'ils soient des particuliers ou la police, mis sur le même pied que la défense. L'enfant ou les parents peuvent, comme le plaignant, se faire assister d'un avocat. Le juge écoute avec attention les débats, parle le moins possible et se garderait bien, comme nous le voyons trop souvent ici, de manifester son opinion, soit sur la gravité du délit, soit sur la faiblesse du système de défense de l'inculpé. Il y a là une très grande supériorité de la façon de rendre la justice en Angleterre sur la nôtre : le juge exige des preuves, et des preuves certaines, il ne se contente jamais de raisonnements et de présomptions et il ne prend de mesures que lorsqu'il est bien certain de la culpabilité de l'enfant et qu'il en a les preuves matérielles.

En pénétrant dans la salle d'audience nous avons été émerveillés par le sérieux et la solennité de cette salle. Comme nous étions loin du Tribunal pour enfants de la Seine, de cette sorte de hangar qui est la honte de Paris, dans lequel l'architecte du Palais, qui y tient, paraît-il, comme à son chef-d'œuvre, a logé ce tribunal! A Londres, nous avons vu une salle convenable; bien disposée, claire et aérée, avec des places réservées aux témoins, aux inculpés, aux représentants des œuvres et aux délégués. Le tribunal *(court)* est vraiment un tribunal et l'enfant y sent qu'il est devant une juridiction sérieuse et qu'il ne s'agira pas d'essayer de plaisanter avec les décisions qui seront prises.

Les audiences ne sont pas publiques, il y a un système de publicité restreinte analogue au nôtre, en y ajoutant, comme il s'agit toujours de protection et non de répression, que les agents eux-mêmes n'ont pas le droit de pénétrer en uniforme dans cette salle d'audience.

Le Tribunal de Bow Street tient deux audiences par semaine : le lundi et le jeudi. Rapidité, sûreté et souplesse des décisions, telles sont les caractéristiques que nous avons le plus admirées.

Les enfants sont amenés là, soit par la police parce qu'ils ont été négligés, maltraités, abandonnés ou ont commis des délits, soit aussi par des fonctionnaires spéciaux, les *school attendance officers* qui sont chargés de veiller à la fréquentation scolaire et y veillent réellement. Si le gardien à qui l'enfant a été laissé ne le représente pas à l'audience, il peut être condamné à 40 shillings d'amende et à défaut de paiement à la prison, aussi les défauts sont-ils rares.

Une chose nous a particulièrement frappés. L'agent qui a arrêté l'enfant le suit jusqu'à la fin de l'affaire. C'est lui qui le mènera du poste de police à la *place of detention*, d'où il l'extraira au jour de l'audience pour l'amener au tribunal et ensuite au lieu où il sera placé. Il parlera à l'enfant, prendra sur lui les renseignements nécessaires qu'il apportera au juge. Nous avons entendu un agent expliquer qu'un enfant qu'il présentait au tribunal s'était adressé à lui dans la rue, disant qu'il n'avait pas de domicile et qu'il voulait manger, dormir et travailler. Il avait alors pris soin de lui et avait appris que le père et la mère étaient morts et que l'enfant avait travaillé à Liverpool et à Londres. De plus l'agent signalait que l'enfant lui paraissait malade. Sur ces indications, le juge, se trouvant insuffisamment renseigné, décida que l'enfant serait ramené à huitaine et pendant ce temps gardé dans une *place of detention*, qu'il serait visité par un médecin. Il fit inscrire dans l'ordre qu'il y avait lieu de le soigner particulièrement. Pendant ce temps, un délégué catholique, puisque telle était sa religion, s'occupera de lui et proposera au juge les mesures qui lui paraîtront appropriées.

Dans une autre affaire il s'agissait d'un vol : le petit groom d'un hôtel avait volé dans la chambre d'un voyageur un flacon en argent, quelques objets de toilette et un pince-nez en or qui n'a pas été retrouvé. Le volé est venu faire sa déclaration, puis l'inspecteur de police qui a déclaré que l'enfant avait avoué et a rapporté les objets qu'il avait saisis et qui ont été présentés au tribunal. Il a fait connaître ensuite, comme dans l'affaire précédente, les renseignements qu'il avait pu recueillir sur l'enfant et sur sa famille, il a présenté un rapport du directeur d'école favorable à l'enfant. Jusque-là le juge n'avait pas dit un mot. Il a alors demandé à l'enfant, puis à la mère s'ils acceptaient d'être jugés par lui ou si, conformément à leur droit, ils demandaient que l'enfant soit traduit devant le jury. Ils ont accepté la juridiction. Le juge nous a affirmé qu'il était rare qu'ils la déclinent car les solutions sont les mêmes devant le jury. Cependant le juge renvoie l'affaire d'office s'il s'agit d'un crime grave.

Si l'enfant est complice de majeurs, le juge peut à son choix juger les mineurs ou renvoyer le tout devant la juridiction de droit commun, il en est de même si l'enfant est poursuivi avec ses parents.

L'enfant dont nous venons de parler ayant accepté d'être jugé immédiatement, le juge lui a posé une nouvelle question : Plaidez-vous coupable ou non? *(Guilty or not guilty?)* L'enfant s'est reconnu coupable et a donné ses explications. Le juge s'est alors adressé à un délégué qui a accepté de le prendre en liberté surveillée *(probation)*. La liberté surveillée est ordonnée de un à trois ans. Puis il a admonesté l'enfant, lui a expliqué sa situation et pour que l'enfant ne l'oublie pas, lui a remis un imprimé sur lequel il était averti qu'il devait se bien conduire, ne pas avoir de mauvaises fréquentations, ne pas boire d'alcool, etc. Ces conditions peuvent varier à l'infini (on peut notamment interdire à l'enfant de fréquenter telle ou telle personne, tel ou tel lieu, les cinémas par exemple...) et peuvent être en tout temps modifiées par un ordre spécial du juge sur rapport du délégué. Il y a là un système qui pourrait être appliqué chez nous avec beaucoup de profit : il aurait l'avantage d'attirer l'attention de l'enfant sur le régime de la mise en liberté surveillée et de la lui faire prendre, ainsi qu'à ses parents, au sérieux, ce qui n'est pas toujours le cas. Une sanction pécuniaire, et à défaut de paiement, restrictive de liberté est prévue contre les parents et l'enfant au cas d'infraction à la promesse solennellement faite. De plus, l'enfant serait immédiatement l'objet de mesures de placement.

Quelles sont maintenant les solutions que peut prendre ce tribunal? Il peut rendre l'enfant à sa famille, le mettre en liberté surveillée, le placer dans une *industrial school*, le placer dans un *reformatory*, et si tout cela est tout à fait impossible, l'envoyer en prison, au maximum pour six mois. Lorsque l'enfant est enlevé à ses parents, ces derniers peuvent être contraints de payer les frais d'entretien de leur enfant et cette contrainte est vraiment effective.

L'envoi en prison, nous l'avons dit, est tout à fait exceptionnel. Les mineurs de 16 ans ne peuvent être condamnés à mort, mais à la détention pendant le temps qu'il plaira à Sa Majesté. Le secrétaire d'État au *Home Office* fixe le lieu et les conditions de la détention. Pous les crimes graves le mineur peut également être condamné à la détention. Le secrétaire d'État peut en tout temps faire remise de la peine, mais cette mesure est toujours révocable. Pour les délits, le juge peut également ordonner l'envoi exceptionnel en prison, soit la conduite dans une *place of detention* pendant un temps qui n'excède pas six mois.

Enfin, pour des infractions peu graves, le juge peut, comme pour les majeurs, et pour leur éviter une condamnation, décider qu'il y a lieu d'infliger un châtiment corporel et il peut faire frapper l'enfant au maximum de six coups de martinet ou de jonc. On nous a présenté le martinet qui sert à ces exécutions et il paraît que cela a les meilleurs résultats et n'est nullement considéré comme infamant par les Anglais. Nous aurons d'ailleurs à revenir sur cette question des châtiments corporels.

Les tribunaux dont nous venons de parler *(courts of summary juridiction)* ne sont pas les seuls devant lesquels peuvent être traduits les mineurs de 16 ans. Il nous a été donné de faire connaissance avec la juridiction des maires dans des circonstances tout à fait particulières. Nous étant rendus à Chatham pour visiter l'institution Borstal et ayant, par ignorance, négligé de nous munir des *identity books* nécessaires, pour pénétrer sur un territoire militaire, nous avons été conduits par un policeman devant le chef de la police de Rochester, qui, je n'ai pas besoin de le dire, fut charmant avec nous, comme tous ceux avec lesquels nous avons eu affaire en Angleterre. Nous avons depuis béni cet incident qui nous a permis de nous rendre compte d'institutions tout à fait intéressantes.

Le chef de la police de Rochester, en effet, est un homme qui s'intéresse particulièrement à l'enfance et à la jeunesse. C'est ainsi qu'il a créé lui-même un patronage : il y a des équipes de boxe, de natation, de foot-ball, etc., et il a imaginé, d'accord avec le maire auquel nous avons eu l'honneur d'être présentés, une sorte de tribunal officieux tout à fait intéressant et le hasard a fait qu'il y avait précisément audience ce jour-là.

Cette audience officieuse se tient dans la salle des séances du conseil municipal et est tenue par le maire qui revêt pour la circonstance le splendide costume des maires anglais. Là sont amenés des enfants ayant commis de légères infractions et pour lesquels on espère qu'une admonestation sera suffisante. C'est ainsi que nous avons vu comparaître cinq enfants qui avaient abimé des arbres et volé quelques fruits dans une propriété appartenant à des religieuses françaises. Le maire les a admonestés, ainsi que leurs parents, a décidé qu'ils seraient officieusement surveillés par la police pendant un mois et les a bien prévenus que s'ils commettaient la moindre infraction, ils seraient traduits devant le tribunal et enlevés à leurs parents.

Le tribunal municipal, à l'audience duquel nous avons également assisté, est une institution très curieuse qui a, à la fois, une compétence civile et une compétence pénale. C'est ainsi que nous avons vu juger notamment des affaires de loyers — il y en a aussi en Angleterre. Le maire est assisté d'un greffier et d'un fonctionnaire qui connaît la loi et donne au maire les renseignements juridiques qu'il peut ignorer. Comme le *Juvenile Court* ce tribunal se préoccupe surtout de la protection de l'enfance bien plus que de la répression et il n'hésite pas à frapper les parents qui ne remplissent pas convenablement leurs devoirs. Un *school attendance officer* faisait comparaître une femme qui n'envoyait pas régulièrement son enfant à l'école. Elle a été punie de 5 shillings d'amende et a été prévenue que si la situation ne s'améliorait pas, l'enfant lui serait enlevé.

Les enfants doivent aller à l'école jusqu'à 14 ans à moins que leurs parents n'aient obtenu des autorités scolaires l'autorisation de les faire travailler entre 13 et 14. La femme d'un mobilisé a envoyé sa fille de 14 ans moins un mois au travail, sans permission, elle est traduite devant le maire. Pour sa défense, elle expose que son mari est à la guerre, qu'elle a besoin du travail de sa fille, etc. Le maire répond qu'elle savait qu'elle devait avoir une autorisation, que par conséquent elle doit envoyer sa fille à l'école, et demander une permission qui lui sera accordée, mais que la loi doit être respectée et que dès l'après-midi, l'enfant devra être à l'école. Elle a beau dire que l'enfant va perdre sa place, le maire est inflexible car la loi doit être respectée. Si elle n'obéit pas, ce sera l'amende et même le retrait de l'enfant. Comme nous sommes loin de l'inobservation de notre loi sur la fréquentation scolaire! Je suis convaincu que, grâce à ce système, on ne voit pas devant les tribunaux pour enfants anglais le nombre considérable d'illettrés que nous avons le chagrin de voir, en particulier devant le Tribunal de la Seine.

Telles sont les juridictions devant lesquelles peuvent être appelés à comparaître les mineurs de 16 ans; telles sont au moins les institutions d'État, car il me reste à vous parler d'une juridiction, qui n'est pas la moins curieuse de celles qu'il nous a été donné d'étudier : je veux parler du tribunal d'enfants, des enfants jugés par eux-mêmes. Un certain nombre d'établissements recueillant des mineurs traduits en justice remettent le soin d'assurer la discipline dans l'établissement aux enfants eux-mêmes et l'on nous a affirmé que ce système donnait les meilleurs résultats. Nous avons pu le voir fonctionner dans une *Industrial school* pour jeunes filles, la *Montefiore House*, à Stamford Hill, établissement recueillant 66 jeunes filles de 2 à 16 ans. Les enfants se jugent elles-mêmes, les surveillantes et les maîtresses elles-mêmes n'ont pas le droit de punition. Les punitions doivent être prononcées par le juge, et c'est un juge sans appel. Ce juge et son greffier sont élus à main levée par leurs camarades. Elles choisissent librement le juge, et la directrice nous a affirmé qu'elle ne cherchait jamais à influencer ce choix. Nous avons été solennellement présentés à ce haut magistrat de 14 ans et demi qui nous a reçus avec le plus grand sérieux du monde. C'était une belle petite fille aux yeux vifs, aux cheveux bouclés, qui, sans rire, a gravement serré la main de... son collègue, M. le président Henri Rollet. Ce juge a bien voulu nous expliquer le fonctionnement de son tribunal : elle est élue pour six mois mais indéfiniment rééligible; celle qui l'a précédée dans ses fonctions est restée juge jusqu'à sa sortie. Elle tient son audience, assistée de son greffier, une fois par semaine, et y écoute les plaintes des enfants ou des maîtresses. La procédure est la même que devant le tribunal. Si l'enfant reconnaît sa culpabilité, le juge prononce une peine; si elle conteste on entend les témoins, et la plaignante, enfant ou maitresse, doit faire sa preuve. Seule, la directrice, et pour des motifs graves, pourrait prononcer une punition sans l'intervention du juge et la directrice nous a affirmé qu'elle n'usait pas de ce pouvoir car le juge jugeait bien. Si elle ne faisait pas son devoir, elle serait destituée, mais les enfants pourraient la réélire. Les peines sont : la réprimande, la privation de récréation, le travail supplémentaire, la mise en quarantaine, enfin les châtiments corporels : au maximum douze coups de canne, de fouet ou de martinet sur les doigts, ou sur le bas des reins avec ou sans vêtements. Ces châtiments sont alors exécutés par une surveillante, sous l'œil de la directrice et hors de la présence de tout autre enfant. En dehors du tribunal, malgré ses pouvoirs, le juge n'a pas de traitement spécial et elle est considérée à l'égal de ses camarades.

Il y a là, on le voit, une institution particulièrement curieuse, qui paraît donner des résultats. Les inspecteurs du *Home Office* nous ont dit que ce n'était pas un mauvais système, bien qu'il soit peu répandu en Angleterre. J'avoue très franchement que je n'oserais pas tenter l'expérience dans les œuvres qui me font l'honneur d'accepter ma collaboration en France.

Les institutions juridiques ne valent que par la façon dont les décisions judiciaires prononcées en conformité avec elles sont appliquées. Nous venons de voir fonctionner les juridictions de jugement anglaises, pénétrons maintenant dans les établissements dont nous avons parlé : *places of detention, industrial schools, reformatories*, auxquels nous avons fait allusion en exposant les mesures protectrices qui pouvaient être prises à l'égard des mineurs de 16 ans traduits devant les *Juveniles Courts.*

Nous avons dit que lorsque l'enfant n'était pas laissé en liberté, il était envoyé, en attendant le jugement, dans une *place of detention* dans laquelle il demeurait alors jusqu'à ce qu'il soit définitivement transféré dans une *industrial school* ou un *reformatory.*

Il y a à Londres trois *places of detention.* Ces établissements sont des établissements privés, appartenant en fait au *London County Council,* mais qui pourraient appartenir à des institutions privées. En matière de protection de l'enfance, comme en bien d'autres matières, les Anglais n'attendent pas tout de l'intervention de l'État. Le *Home Office* n'intervient que sur la surveillance des établissements et c'est une surveillance effective par des inspecteurs spéciaux et choisis et pour donner une subvention hebdomadaire pour couvrir en partie les frais d'entretien de l'enfant retenu par autorité de justice dans un établissement quelconque. Les trois *places of detention* de Londres sont réservées : la première, à Harrow Road, aux garçons de 7 à 12 ans, la seconde aux filles jusqu'à 16 ans et aux petits garçons de moins de 7 ans, la troisième aux garçons de 12 à 16 ans. Nous avons visité la *Place of detention* de Ponton Road pour les filles et celle de Pentonville pour les garçons de 12 à 16 ans.

La *Place of detention* de Ponton Road comporte 90 lits dont 24 étaient occupés lorsque nous nous sommes présentés. On peut amener là des enfants à toute heure de jour et de nuit. Elles restent là de deux à six semaines, mais la détention peut durer jusqu'à huit mois par l'ordre du juge. Pour y entrer l'enfant, doit être amené par la police, par la plainte d'un *school attendance officer* ou par l'ordre du juge. Cet établissement, comme d'ailleurs tous ceux dont nous aurons l'occasion de parler, est très propre et respire la gaieté : il y a des gravures aux murs et l'on essaie par tous les moyens de rendre le séjour agréable à l'enfant. Cela ne rappelle ni de près, ni de loin, nos prisons. Les tout petits — il y avait là notamment des enfants de mobilisés dont les mères s'étaient mal conduites — ne restent que quelques jours et sont placés dans des familles par les soins du *London County Council.*

Avant d'entrer, les jeunes filles passent dans un bâtiment spécial, séparé du reste; elles y prennent un bain, leurs vêtements sont désinfectés et elles sont visitées par le médecin. Si elles sont atteintes d'une maladie contagieuse et notamment d'une maladie vénérienne — les mœurs des jeunes filles n'étant pas meilleures à Londres qu'à Paris — elles sont envoyées à l'hôpital.

La nourriture (quatre repas par jour) est saine et abondante. Elles couchent dans des dortoirs en commun, dans lesquels la surveillance n'est exercée que par des rondes, ce que j'estime, pour ma part, tout à fait insuffisant pour des jeunes filles pouvant avoir les mœurs que vous devinez et qui sont amenées de l'extérieur sans qu'on sache quel est leur degré de perversité. Je préfère de beaucoup l'isolement au moins temporaire, pour que les meilleures ne soient pas immédiatement corrompues par les plus mauvaises. Il n'y a dans l'établissement que cinq cellules d'isolement, vitrées et grillagées ; j'ai pu constater que, comme dans certains quartiers cellulaires français, des vitres ont été cassées et du grillage arraché.

Dans la journée elles travaillent dans des ateliers, en général de couture et vont à l'école qui a lieu, si le temps le permet, sur une terrasse en plein air.

Là aussi les jeunes filles peuvent être punies de châtiments corporels : au maximun douze coups de jonc ou de martinet sur les mains ou sur le bas des reins, avec ou sans vêtements. La complicité d'évavasion, notamment des parents, est punie d'une amende de 20 livres ou de trois mois de prison.

A leur sortie, si elles ne sont pas envoyées dans des *industrial schools* ou des *reformatories*, elles peuvent aller dans des *auxiliary homes*, assez semblables à nos « bonnes gardes ».

La *place of detention* de Pentonville, réservée aux garçons de 12 à 16 ans, ne ressemble elle aussi en rien à une prison. Tout cela est gai et propre, il y a des gravures aux murs, notamment des images relatives à la guerre. Il y a 110 places dans cet établissement où le régime est le même, ou à peu près, que celui de Ponton Road. Il y avait 80 présents qui portent un uniforme à l'intérieur de l'établissement, par mesure de précaution contre les fuites, car cet uniforme est bien connu des policemen. Les enfants sont disciplinés et défilent les mains dans le dos. Ils vont à l'école, dirigés par une institutrice. Tout est très propre et hygiénique, notamment les dortoirs en commun. Sur les lits, les chemises de nuit soigneusement pliées dans une housse rouge et blanche. Grandes précautions d'hygiène et contre l'incendie, comme partout en Angleterre. Les lavabos et les douches comportent de l'eau chaude et de l'eau froide. Ce qui nous a le plus frappés en visitant l'école, c'est la propreté des livres immaculés. Je souhaiterais à nos grands établissements d'éducation une pareille propreté de la part de leurs élèves et un pareil soin des livres qui leur sont confiés.

Les enfants, nous a-t-on dit, se trouvent très bien là. Je remarque cependant dans la cour qu'on a pris la précaution de mettre des fils de fer barbelés sur les murs de clôture. Ce petit détail indique que les enfants ne partagent pas toujours l'avis de ceux qui pensent, comme nous, que ces établissements sont fort bien installés et dirigés.

Des *places of detention*, les enfants sont conduits, sur l'ordre du juge, soit dans des *industrial schools*, soit dans des *reformatories*.

L'expression *Reformatory Schools*, déclare le *Children Act* (n° 44), signifie une école pour l'éducation industrielle des jeunes délinquants, dans laquelle les jeunes délinquants sont logés, habillés, nourris et instruits.

L'expression *Industrial School* signifie une école pour l'éducation des enfants dans laquelle les enfants sont logés, nourris, habillés et instruits.

Si l'on s'en rapportait donc uniquement à la définition du *Children Act*, il semblerait que les *reformatories* sont réservés aux jeunes délinquants et les *industrial schools* aux enfants malheureux ou abandonnés. En fait, il n'en est pas exactement ainsi, car, nous l'avons déjà dit, on ne distingue pas entre les enfants malheureux et les enfants délinquants, et nous avons pu trouver dans des *industrial schools* des enfants envoyés par les tribunaux et ayant commis des délits et réciproquement dans des *reformatories* des enfants qui n'avaient commis aucun délit. Un directeur nous a donné la définition suivante, en nous prévenant d'ailleurs qu'elle n'était pas absolue : les délinquants potentiels sont dans les *industrial schools*, les délinquants actuels dans les *reformatories*.

En fait, on envoie dans les *industrial schools* les enfants de moins de 14 ans, et dans les *reformatories* ceux qui ont de 14 à 16 ans.

Pour pouvoir recevoir des enfants, les *industrial schools* comme les *reformatories* doivent être agréés *(certified)* par le *Home Office*, c'est-à-dire remplir les conditions fixées par le *Children Act*, et il ne s'agit pas de les remplir seulement sur le papier. Cet agrément du ministère leur confère un prix de journée pour chaque enfant, mais les oblige à fournir des garanties et à être inspectées d'une façon sérieuse et efficace par les inspecteurs spéciaux du Ministère de l'intérieur. Ces inspections, qui sont constatées chaque fois sur les registres de l'établissement, sont fréquentes, car nous avons pu constater partout que l'inspecteur qui nous accompagnait y était parfaitement connu.

Il y a en Angleterre plus de trois cents établissements d'importance différente, ainsi agréés par le Ministère de l'intérieur. Remarquez qu'il n'y a à ce point de vue pas un seul établissement d'État pouvant être comparé de près ou de loin à nos colonies pénitentiaires publiques. Ces établissements privés peuvent refuser les enfants et on doit avoir leur agrément préalable pour leur envoyer un pupille; aussi le juge, dans son ordre d'envoi dans une *industrial school* ou un *reformatory*, ne désigne-t-il pas, en général, l'établissement particulier dans lequel l'enfant devra être envoyé.

Les *industrial schools* que nous avons visitées (*Parsons Green, Montefiore House* pour les filles, *Field Lane* pour les garçons) ont à peu près le même régime et l'on n'en sera pas étonné puisque l'on sait que les exigences du *Home Office* sont les mêmes pour toutes les *certified schools*. Il y a environ 200 *industrial schools* en Angleterre. Certaines comportent plus de 100 lits. En général les enfants y sont séparés en deux équipes : l'une qui est à l'école, pour la journée et qui travaille le lendemain et réciproquement *(day schooly work, day industrial work)*. Les enfants y apprennent toutes sortes de métiers : tailleurs, cordonniers, serruriers, couture, blanchisserie, boulangerie, etc., suivant leur sexe et leurs aptitudes. Ils restent à l'école jusqu'à 16 ans à moins que l'établissement ne juge pouvoir les placer avant, mais sont soumis à une surveillance jusqu'à 19 ans. Chaque année un rapport sur l'enfant doit être adressé au *Home Office*. L'établissement peut demander l'aide de la police pour rechercher ceux qui se sont évadés ou ont disparu ou pour les faire rentrer à l'établissement en cas de mauvaise conduite. Au-dessus de 16 ans, on ne peut les faire rentrer que pour trois mois. Les parents ne sont admis à visiter leurs enfants qu'une fois par trimestre à moins d'autorisation spéciale du directeur. Les récompenses peuvent consister en petites sommes d'argent, en visites et en vacances. Les punitions sont les privations de récompenses, de jeux, les travaux supplémentaires, le fouet ou le jonc. Ces punitions sont réglementées par le *Home Office* et ne doivent jamais pouvoir altérer la santé de l'enfant. Nous avons pu relever le nombre des châtiments corporels dans une école sur le livre sur lequel ils doivent être portés et qui est souvent vérifié par les inspecteurs du *Home Office*. Ils n'avaient été appliqués qu'une fois en septembre et cinq fois en octobre : l'un a refusé d'obéir et a reçu quatre coups de jonc sur les mains, un autre a voulu se sauver : trois coups; un autre a voulu casser le téléphone : six coups légers sur le bas des reins, etc.

Les classes, sont propres et aérées, toujours le grand souci hygiénique que l'on retrouve partout en Angleterre. Les livres (on lit dans une classe la douzième nuit de Shakespeare) sont immaculés. L'enseignement est par-dessus tout pratique et une place importante est réservée dans l'établissement aux lieux de récréation et de jeux. Il y a un gymnase et un orphéon dans les établissements de garçons. Les ateliers, sous la direction de maîtres spéciaux, sont parfaits et les enfants y travaillent toujours par petites équipes. A leur entrée on les met en observation, puis on les répartit suivant leurs goûts et leurs aptitudes. Partout la gaîté et des tableaux aux murs. On fait appel autant que possible à l'intelligence et au cœur de l'enfant. Dans une école on trouve sur les murs des maximes, les commandements du bon enfant. Nous notons, par exemple celle-ci : « Si vous avez mal fait, dites la vérité et envisagez les conséquences de votre acte. » Les enfants couchent en dortoir surveillés par l'un d'entre eux et il y a des rondes de surveillants chaque heure. On pensera peut-être que cette surveillance n'est pas toujours suffisante. Les *industrial schools* reçoivent du *Home Office* **12** shillings par semaine et par enfant ; le reste des ressources est fourni par l'initiative privée ou par le *Local Government Board*, ou par les villes, ou par le *Board of Guardians*. A leur sortie les enfants sont placés et autant que possible suivis, même quand ils ont plus de 19 ans.

Le régime des *reformatories* est un peu plus sévère que celui des *industrial schools* et est approprié à l'âge de ceux qui y sont placés. Nous ne pouvons, au point de vue de l'organisation, que répéter ce que nous avons déjà dit des *industrial schools*, à savoir que tout y est organisé en vue de l'hygiène et de la gaîté. L'établissement de Saint-Johns, fondé il y a plus de cinquante ans, a des murs couverts de lierre, les tapisseries sont gaies et il y a des tableaux aux murs ; au réfectoire des fleurs sur les tables et des assiettes finement décorées, une salle de lecture avec des journaux et des livres dont la liste officielle est dressée par le *Home Office*. Tout cela d'une propreté méticuleuse. La surveillance des dortoirs est la même et présente les mêmes inconvénients que dans les *industrial schools*. On développe toujours chez les enfants le *self control* et l'éducation sportive. Les parents ne sont autorisés à voir leurs enfants qu'une fois par trimestre et l'on comprend la raison du peu de fréquence de leurs visites puisque l'on a placé leurs enfants parce qu'on pensait qu'ils ne remplissaient pas convenablement leurs devoirs et que leur influence était mauvaise. De même que dans les *industrial schools*, le temps est divisé entre le travail manuel et les classes. Les *reformatories* peuvent placer les enfants qui leur sont confiés, mais ils peuvent les faire rentrer à l'établissement si leur conduite n'est pas satisfaisante à l'extérieur. Si la conduite était par trop mauvaise ou s'ils s'évadent, ils pourraient être, par ordre du juge, envoyés dans un établissement

Borstal. Les *reformatories* suivent l'enfant pendant quatre ans après sa sortie, mais la surveillance ne peut dépasser l'époque où l'enfant a atteint sa vingt-cinquième année. En cas de nouveau délit commis jusqu'à cet âge, le juge serait prévenu que l'enfant a été dans un *reformatory*; passé cet âge, le juge ne chercherait même pas à le savoir.

Il n'y a pas de pécule de sortie, mais une situation est offerte à tous ceux qui sortent.

Les punitions, réglementées par le *Home Office*, consistent en privations de récompenses et, s'il y a lieu, en châtiments corporels. Il n'y a pas de cellules et jamais de privation de nourriture : « Ce serait trop cruel », nous dit un directeur.

L'établissement doit tenir plusieurs livres à la disposition des inspecteurs du *Home Office* : un livre d'entrée, un livre médical (chaque enfant doit être visité par le médecin une fois par mois), un livre de punitions. Nous relevons sur ce livre pour le mois de septembre :

A volé du pain : six coups de canne sur les mains;

A apporté des cigarettes en revenant d'une commission : six coups sur les mains;

A reçu de l'argent suspect : quatre coups sur le bas des reins;

Tentative d'évasion en volant un camarade : onze coups sur le bas des reins sans pantalon;

Quatre ont mangé de la poudre à fusil pour se rendre malades et ne pas travailler : douze, quatre, quatre et trois coups.

L'organisation des *reformatories* pour filles est sensiblement la même, bien entendu avec les différences de métiers nécessaires.

Le problème de la prostitution des mineurs est aussi inquiétant en Angleterre qu'en France. On sait que les Anglais n'ont point de réglementation administrative spéciale sur la prostitution, mais ils essayent d'atteindre les mineures de 16 ans prostituées par les dispositions du *Children Act*. Nous avons pu visiter dans la banlieue de Londres un établissement spécial réservé aux jeunes prostituées, la *Queen Elizabeth's Lodge* qui comporte 35 lits, dans une maison qui ressemble à une riche maison particulière et ne rappelle en rien l'établissement de bienfaisance ou de répression. La maison est très gaie, très propre, comme à l'habitude; les jeunes filles y déjeunent par petites tables de quatre et il y a des fleurs sur chaque table. Les malades sont envoyées dans un établissement spécial à Brighton. Les jeunes filles sont employées dans une sorte d'école ménagère et dans une propriété située à quelques centaines de mètres de la maison, dans une campagne tout à fait délicieuse. Il y a des arbres fruitiers dans le jardin et on donne des fruits aux jeunes filles quand elles sont sages : « Quand elles ne le sont pas, nous dit la surveillante qui nous accompagne, elles en prennent. »

Je ne sais si je me suis trompé, mais il m'est apparu que ces jeunes personnes jouissaient d'une très grande liberté et n'étaient pas très surveillées : deux d'entre elles se sont constamment trouvées sur notre passage et leur attitude en disait long. Rien n'est plus facile, au reste, que de s'enfuir et cela arrive, paraît-il, quelquefois, malgré les fils de fer barbelés qui sont placés sur les murs entourant le jardin. Certaines des pensionnaires ont bien mauvais air et sont bien mal coiffées. Il y a dans l'allure extérieure de ces sortes d'enfants des détails qui, pour un œil exercé, ne trompent pas. La nuit, elles couchent en dortoir ou dans des chambres à deux ou trois, sans surveillance autre que les rondes qui ont lieu chaque heure. Je fais remarquer que cela est peut-être dangereux. Sont-elles sages la nuit? dis-je. *Sometimes* (quelquefois) m'est-il loyalement répondu.

La sanction de la mauvaise conduite est l'envoi dans une maison plus sévère et certaines, paraît-il, le demandent elles-mêmes.

Les pensionnaires élisent huit déléguées qui font, avec les maîtresses, partie d'un comité qui se réunit chaque semaine pour discuter la conduite et les affaires de la maison.

Je ne voudrais chagriner personne; mais ce régime qui ressemble beaucoup à celui imaginé par notre invraisemblable loi du 11 avril 1908, me paraît être tout aussi inefficace et tout aussi inopérant. Il faut, pour arriver à gouverner ces sortes de jeunes filles, tout en les traitant avec bonté, des moyens plus sérieux pour s'assurer efficacement de leur personne et réprimer leurs velléités de révolte. On ne nous a pas caché que le régime actuel était inopérant en Angleterre. J'espère que cette expérience, jointe à celle de la France, amènera notre législateur à se débarrasser de la « grossière erreur » suivant les expressions de M. le président du Conseil Clemenceau, commise le 11 avril 1908, en votant les dispositions du projet de loi sur le vagabondage des mineurs, proposé par notre cher président, M. le sénateur Étienne Flandin, et déjà adopté par le Sénat.

Le problème de la protection des enfants anormaux n'est pas resté en Angleterre, comme en France, à l'état purement théorique. Si la loi française de 1899 n'est malheureusement pas appliquée, le *Mental Deficiency Act* de 1913 reçoit en Angleterre une large application et nombreux sont déjà les établissements qui veulent bien recevoir les enfants présentant des tares mentales, mais rééducables *(Children mentally defectives)*. Il nous a été possible de visiter l'un d'entre eux dans la banlieue de Londres : *Pield Health House*, à Uxbridge, qui reçoit 77 jeunes filles anormales de 7 à 16 ans : c'est une de ces coquettes maisons anglaises, comme on en voit partout dans la campagne, cachée dans les fleurs et le feuillage, gaie, claire et accueillante.

« L'établissement, expose M. Laronze, dans une communication qu'il a bien voulu faire avec moi au Comité de défense des enfants traduits en justice le 6 février dernier, fondé par l'ordre de Westminster est assujetti aux règles communes. Il admet les fillettes amenées par leurs familles, celles que lui envoient le *Home Office*, les autorités locales, le *Board of Guardians*. Ainsi, en dehors du placement volontaire, il y a le placement par autorité de justice que prévoit le *Children Act* de 1908 (n° 62) et le placement par décision des autorités contrôlant l'enseignement public. Le dossier de chaque enfant contient l'ordre de l'autorité, ses motifs, la mention que la fillette peut être rééduquée, des certificats de médecins sans lesquels l'enfant ne pourrait être admise.

» En dehors d'un quartier spécial réservé aux idiotes dont seuls les doigts peuvent être occupés, les pensionnaires sont divisées en deux sections selon le degré de leur développement intellectuel. Celles-là constituent les vraies anormales (*mentally defectives, not imbecile or insane*).

« Leurs journées sont partagées entre le travail manuel, l'école et le repos. A tout égards l'enseignement est pratique, tend à la rééducation des organes. Nous avons vu les plus arriérées danser une ronde en chantant, tandis qu'une religieuse, au piano, guidait leurs mouvements, les assujettissait à la discipline, au rythme. De plus grandes, en plein air, se livraient à des exercices d'assouplissement. Les classes sont conçues dans le même esprit; l'instruction ne vise qu'à éveiller l'intelligence. Une large place est réservée à l'enseignement professionnel et les maîtresses aiment à montrer les travaux à l'aiguille, les dentelles d'Irlande exécutées par des mains habiles. La récréation n'est pas négligée. De nombreux jouets sont mis à la disposition des enfants; leur parfait état de conservation atteste les progrès réalisés par celles-ci.

» Deux fois par semaine, un médecin visite l'établissement et note ses observations concernant les élèves.

» Les résultats semblent satisfaisants. Lors de notre passage, une fillette de 14 ans est rendue à sa mère; elle est apte à gagner sa vie. La sortie des pensionnaires est subordonnée à l'adhésion des autorités ayant décidé leur placement. Le *Board of Control* assure la protection des anciennes élèves. L'établissement est surveillé par l'administration et reçoit 13 sh. 6 d. par semaine et par enfant du *Home Office*. »

Bornons-nous à exprimer un vœu : c'est que de tels établissements soient rapidement créés en France. Je crois que les administrateurs, les médecins, surtout les architectes devront avoir soin d'étudier les établissements anglais, qu'il serait difficile d'améliorer en cette matière particulière et dont ils pourront s'inspirer pour la direction, le traitement et surtout la construction même des œuvres qu'il est urgent et qu'il sera encore plus urgent après la guerre, de créer dans notre pays.

Mineurs de 16 à 21 ans. — Les mineurs de 16 à 21 ans sont condamnés à des peines de prison pouvant aller jusqu'à deux années ou soumis au régime de Borstal où ils peuvent être retenus jusqu'à l'âge de 23 ans. Ils comparaissent devant les juridictions de droit commun *(courts of summary juridiction)* ou jury dans les mêmes conditions que les inculpés plus âgés. Leur situation légale est réglée par le *Prevention of Crime Act*, qui est également de 1908.

Il n'y a pas de prison spéciale pour les jeunes délinquants analogue à notre Petite-Roquette, cependant il y a dans certaines grandes prisons des quartiers spéciaux et spécialement organisés, réservés à cette catégorie de détenus.

Nous avons pu visiter la prison de Wormwood Scrubbs qui est l'une des principales de Londres. C'est un établissement splendide, à régime cellulaire, comportant 1.400 cellules. Il y avait 848 détenus au jour de notre visite. Toutes ces cellules sont réparties en trois grands corps de bâtiments, séparés par des cours et des jardins immenses, où les gazons et les fleurs étaient remplacés par des pommes de terre, à cause de la guerre. Les jardins étaient entretenus pendant la guerre par une catégorie spéciale de détenus, les *conscientious objectors*, environ 400, auxquels leurs opinions philosophiques ou religieuses ne permettent pas d'aller se battre. Ils sont revêtus de costumes bleus, ne paraissent pas mécontents de leur sort et nous ont paru très satisfaits de n'avoir jamais fait connaissance avec les tranchées et leurs dangers. Il nous a paru que le traitement qui leur était infligé était particulièrement doux. Mais cela n'est point dans notre sujet.

Il y a à la prison trois chapelles fort bien disposées, décorées par les détenus et où fonctionne un ingénieux système de surveillance pendant les offices anglicans, catholiques ou israélites. Les cours de promenade sont spacieuses et bien aérées.

Le quartier des mineurs était, au jour de notre visite, occupé par 60 jeunes détenus, appartenant à deux catégories différentes. Les uns, habillés en jaune, étaient condamnés à de courtes peines, les autres, habillés en brun, attendaient leurs transfèrement à Borstal et étaient déjà soumis au régime des récompenses de l'Institution Borstal.

Il y a à la prison une superbe salle de gymnastique dans laquelle les jeunes détenus ont exécuté devant nous des mouvements d'ensemble et d'assouplissement. Leur journée est partagée entre le travail (menuiserie, cordonnerie, tailleur. sacs pour les postes) et l'école. L'école se fait dans une salle très gaie, qui ne rappelle en rien la chapelle-école de la Petite-Roquette et dans laquelle il y a même une installation de cinématographe. C'est cependant la prison, bien qu'elle soit très aérée et n'ait pas la mauvaise odeur de certains établissements, et partout on se heurte à des grilles ou à des portes fermées.

Les cellules sont vastes et spacieuses, les lits sont en planches souples recouvertes d'un matelas. On sent partout une stricte discipline et il semble qu'il le faille, car certains détenus que nous avons rencontrés avaient un bien mauvais air. C'est bien une prison et une prison à régime sévère.

Les mineurs de 16 à 21 ans condamnés à de longues peines, ceux qui se sont évadés d'un *reformatory*, sont envoyés dans les établissements Borstal. La *Société générale des prisons* s'en est déjà occupée à plusieurs reprises, et le système pénitentiaire de Borstal a fait l'objet d'une très intéressante communication de notre regretté collègue et ami Robert Lévy-Fleur, glorieusement tombé pour la France, à Spincourt, en août 1914 et dont je salue avec émotion la mémoire (*Revue*, 1913, p. 615). Je me permets de vous y renvoyer pour l'exacte description de l'établissement et du patronage Borstal qui y avaient été exposés. Il y a trois établissements du type Borstal, l'un à Feltham, spécialement organisé pour les travaux agricoles, le second, pour les filles à Aylesbury, le troisième, le principal, à Borstal près de Rochester.

Lors de la communication de M. Lévy-Fleur, nous avions cru pouvoir comparer cet établissement à nos colonies pénitentiaires ou correctionnelles et avions cru qu'on pouvait assimiler sur bien des points son système de récompenses à notre loi de 1850 sur l'éducation des jeunes détenus. On va voir qu'il n'en est rien et qu'il serait plus exact de comparer les établissements Borstal à nos maisons centrales, à des maisons centrales qui seraient réservées aux jeunes gens.

L'établissement de Borstal, en effet, est entouré de murs, de hauts murs ; les champs eux-mêmes dans lesquels sont employés certains pensionnaires sont clos de murs qu'il serait bien difficile de franchir. Borstal est un établissement d'État, c'est un établissement pénitentiaire, un établissement de répression. Il ne s'agit plus de protection comme dans les *reformatories*, il s'agit de répression mais, et il importe de bien insister sur ce point, il s'agit aussi de relèvement et de reclassement.

Il y a 452 places à Borstal et au jour de notre visite il y avait 443 détenus présents, tous envoyés par les tribunaux. Il ne saurait être question de placement volontaire à Borstal comme cela est possible dans certains *reformatories*.

A leur arrivée, les détenus, habillés en brun, sont soumis au régime cellulaire de jour et de nuit dans un quartier spécial où ils sont mis en observation, puis ils sont employés à la blanchisserie et à l'entretien de la maison. Au bout de quelques mois de bonne conduite, à la suite d'un avis donné par l'administration et par le médecin, le détenu est habillé en bleu *(blue dress)* et peut choisir le métier qui conviendra à ses goûts et à ses aptitudes, mais il ne sort pas pour cela de l'établissement. Il restera dans l'établissement deux ou trois ans et apprendra son métier dans les ateliers parfaitement aménagés de menuiserie, forge, cordonnerie, etc. En cas de bonne conduite, le *Home Office* peut prononcer la mise en liberté provisoire; dans ce cas l'enfant libéré sera obligatoirement surveillé pendant un an et pourra être ramené à l'établissement en cas de mauvaise conduite. Après ce temps il pourra toujours s'adresser, mais non obligatoirement, au patronage Borstal qui fonctionne activement dans les principales villes d'Angleterre et qui fera tout son possible pour l'aider.

Borstal comporte, comme toutes les prisons, un quartier disciplinaire. Les punitions consistent en pain sec, cellule pendant une semaine au plus, travail pénible (casser des cailloux ou faire des sacs de terre pour les tranchées), la planche avec un matelas et une couverture pour dormir. Une chose nous a étonnés : les châtiments corporels ne sont pas en usage à Borstal.

On le voit, Borstal est bien un établissement de répression, bien qu'on s'y occupe de relèvement.

L'établissement place facilement ses pupilles à leur sortie et forme notamment des cuisiniers pour la marine de guerre, des tailleurs, des peintres, des cordonniers, des maçons, etc. Les détenus ont également neuf heures de classe par semaine,

Nous avons pu voir les détenus groupés, car notre visite a eu lieu un samedi après-midi et les détenus font la semaine anglaise : il y avait plus de bruns que de bleus. Ils ont la même allure que dans nos prisons, bien que la discipline y soit plus stricte que chez nous.

Les *blue dress*, qui jouissent d'une certaine liberté à l'intérieur de l'établissement et ont même un régime alimentaire spécial, couchent en dortoir et sont surveillés la nuit de l'extérieur du dortoir par un système très ingénieux, qui permet à un gardien de surveiller à la fois deux dortoirs, étant placé dans un couloir central avec des jours vitrés, sur les deux dortoirs. Le tout très propre, très aéré et très hygiénique. Les bruns couchent en cellule.

Il y a à Borstal des équipes sportives, une splendide salle de gymnase et de conférences. Partout des gazons, des fleurs, mais il y a aussi des grilles et des barreaux et les précautions les plus minutieuses y sont prises contre la fuite et le suicide.

Les établissements Borstal sont des prisons modèles pour les jeunes détenus, mais ce sont des prisons.

Voilà ce que nous avons vu pendant les journées, trop courtes à notre gré, que nous avons passées en Angleterre. Nous y avons beaucoup appris. Nous avons retenu certains détails, certaines pratiques qui nous seront de la plus haute utilité dans les œuvres auxquelles nous nous intéressons, et même au tribunal pour enfants. Nous n'avons pu nous empêcher d'admirer le réel souci qu'avaient les Anglais de protéger l'enfance et le soin jaloux avec lequel ils veillent à ce que les prescriptions de la loi soient rigoureusement observées et respectées de tous.

Il y a cependant une chose contre laquelle je voudrais mettre en garde ceux qui ont bien voulu écouter ou qui voudront bien lire ce rapport, qui, malgré sa longueur dont je m'excuse, ne saurait être qu'un résumé approximatif. Nous avons, nous avons eu surtout, en France, trop de tendance à imiter servilement tout ce qui venait de l'étranger. Sans doute, nous pouvons et nous devons faire profit de ce que nous apprennent nos amis et alliés ; mais certaines institutions, parfaites en Angleterre, ne sauraient être identiquement appliquées en France. Il faut tenir compte des différences de tempérament et d'éducation. Sous cette réserve, je crois que les renseignements que je viens de vous donner pourront avoir la plus grande utilité pour la protection de l'enfance dans notre pays, et si certaines institutions anglaises peuvent être imitées chez nous, ce sera un lien de plus entre nos pays qui versent ensemble leur sang sur les champs de bataille.

J'espère, et j'ai des raisons de croire qu'il en sera ainsi, que des Anglais viendront prochainement nous rendre la visite que nous leur avons faite à Londres. Ils pourront se rendre compte, malgré certaines critiques, — ils savent bien que tout n'est pas parfait, même en Angleterre — que la protection de l'enfance fait aussi l'objet des préoccupations des Français. Ils pourront visiter nos merveilleux services d'enfants assistés, nos œuvres privées pour les orphelins, les enfants malheureux, notamment ces admirables établissements religieux, à quelque religion qu'ils appartiennent, dont on a parfois dit tant de mal et dont je pense personnellement tant de bien. Ils pourront voir nos établissements, publics ou privés, qui recueillent les enfants traduits en justice, nos colonies pénitentiaires, qui ne sont pas ce que des romans ou des pièces de théâtre nous ont montré, qui ne sont pas plus des « bagnes d'enfants » que la femme française n'est la créature légère, frivole et oublieuse de ses devoirs les plus sacrés, que certaine littérature faisandée d'avant-guerre avait décrite ; des œuvres comme la colonie de Mettray, celles de Sainte-Foy, du Plessis-Piquet, le Patronage des jeunes détenus et des jeunes libérés du département de la Seine, le Patronage des détenus et libérés protestants, le Patronage de l'enfance et de l'adolescence, qui, je suis fier de le dire, a recueilli en 1916 plus d'enfants que l'œuvre du docteur Barnardo. Pour les filles, l'OEuvre du souvenir qui soigne celles qui sont atteintes de maladies vénériennes, sans négliger pour cela celles qui sont simplement malheureuses ou abandonnées, le Patronage des détenues et libérées, l'OEuvre de préservation et sauvetage de la femme, pour ne parler que des œuvres reconnues d'utilité publique, et ils pourront se rendre compte que, si nous différons parfois sur le choix des moyens, les buts sont les mêmes que ceux qui sont poursuivis dans leur pays.

C'est ce que nous a admirablement exposé, au déjeuner auquel il nous a fait l'honneur de nous convier, M. le Ministre de l'Intérieur, sir George Cave, qui, dans un langage élevé, nous a exprimé son désir de voir les œuvres protectrices de l'enfance en France et en Angleterre s'unir pour la lutte commune, comme sont unis nos soldats face à l'ennemi. Et quand il a ajouté que nous pouvions être assurés que l'Angleterre irait jusqu'au bout et qu'elle ne déposerait pas les armes avant que la France n'ait obtenu les satisfactions légitimes qu'elle réclame, nous avons tous éprouvé la plus intense émotion. Et nous n'avons pu nous empêcher de penser, car, à l'heure où nous parlons, la guerre doit dominer toute autre préoccupation, qu'en consacrant notre activité, chacun dans notre sphère d'action, à la protection de l'enfance, nous aussi, qui regrettons de ne pouvoir combattre l'ennemi les armes à la main, nous servions notre glorieux pays et préparions la grandeur de son avenir.

IMPRIMERIE CHAIX, RUE BERGÈRE, 20, PARIS. — 3142-3-18. — (Encre Lorilleux).